Singular voluntad

Del amor contrariado

Eugenia Sánchez Nieto

Colección
Sembremos Arte

Singular voluntad

Del amor contrariado

Eugenia Sánchez Nieto

Singular voluntad

©Eugenia Sánchez Nieto
©Colección Sembremos Arte

ISBN: 978-958-49-3137-5
Diseño y edición: Ediciones Grainart
Compilación y diagramación:
Mónica Patricia Ossa Grain
Diseño de Carátula:
Helen Vanessa González Ossa

Obra portada: Carlos Humberto Murillo
Título: Bailarines.
Técnica Espátula Óleo sobre lienzo
carlosart5@hotmail.com

Ediciones Grainart
edicionesgrainart@gmail.com
edicionesgrainart@hotmail.com
Contacto: 3148685940

Impreso y hecho en Colombia.
Printed and made in Colombia

Santiago de Cali – Valle del Cauca
Julio de 2021

*Saludo y agradecimiento a
Mónica Patricia Ossa Grain
y la Fundación Grainart
por hacer posible
la edición de este libro*

Singular Voluntad

Sonia Truque

La poesía de Eugenia Sánchez Nieto (Yuyin) ha mantenido su postura inicial de concebirse como un tejido estructural que alterna lo abierto y lo cerrado como posibilidad verbal. En este sentido cabe recordar que existe una clara afinidad entre su poesía y la de Emilia Ayarza y Laura Victoria, quienes en Colombia fundan una poética de lo erótico femenino. Sus libros iniciales Que venga el tiempo que nos prenda y Con la venia de los heliotropos se leyeron como una escritura transgresora por la contundencia de sus versos.

Singular Voluntad, - recoge su poesía alrededor del tema del amor y la soledad-; continúa la búsqueda de un lenguaje muy propio, con resonancias del buen Bukowsky, el poeta, que sin abandonar su minimalismo narrativo logra intensas atmósferas urbanas con sus ademanes y sus imposturas.

Sigue siendo abierto y cerrado en contraposición a lo que algunos de sus críticos han señalado como el día y la noche, poesía "de la sombra, femenino y lunar, donde el acontecimiento mágico se muestra como algo cotidiano y normal" (Rafael Patiño), como en Espacio Habitado donde el último fragmento cierra ese sobresalto mágico del sueño:

Alguien en el fondo de la habitación
bajo la luz de la luna escribe:
entrégate al hombre apostado en tu estancia
yo soy la noche tú eres la soledad
el deseo es un árbol donde la luz se ahoga
todo lo que poseemos está en ese fuego.

En esta su constante sería interesante señalar lo
cerrado como la salida de un Ello introyectado,
donde la carencia afectiva cobra dimensiones
absolutas en un yo que se abre en múltiples voces.
Como en los cuadros de Luis Caballero, los cuerpos
obsedidos se juntan en la noche, no hay un ámbito
definido, sucede en cualquier lugar. Son cuerpos
contrastados por la luz, atrapados en su deseo,
cuerpos que se entregan sin pudor, y con el riesgo
que supone la elaboración literaria de lo erótico, en
Sánchez Nieto, está superado con la sutileza con
que lo aborda en Virtuosos:

En la blanca habitación sombras gozan la forma
la brisa silba una ebria melodía
la noche invade a los que se aman
en oscuros corredores rostros al acecho
rostros descompuestos reprimidos al placer
ellos abandonados, virtuosos, alojados en aquel
recinto del cual nadie logra evadirse.

Aquí la calificación de virtuosos para esos amantes
remite a cierta religiosidad que permite los excesos
de la carne como en el tantrismo.

También reconocemos estos excesos de la carne en poetas como Lautremont, y de Sade a Bataille quien lo llevó a sus últimas consecuencias en su obra La experiencia interior y en su novela corta El ojo, donde comenta que la escribió como parte de una cura psicoanalítica.

El juego verbal de Eugenia Sánchez Nieto se reafirma en el sentido de mostrar una escritura despojada de los tópicos que caracterizan el trabajo de autora: el ámbito del hogar y la enumeración de los objetos que lo llenan, la espera pasiva del objeto de deseo. Su palabra abre, transgrede y se construye con imágenes contrastadas de lo lírico a lo escueto, reafirmando que la gran poesía es independiente del sexo que la escribe y que nombra el día y la noche, abierto y cerrado desde su muy personal manera de decir lo onírico.

Sonia Truque: Escritora Colombiana Realizó estudios de filología catalana en Barcelona, España. Ha publicado los libros de cuentos "La otra ventana", "Historias anómalas" y " Los perros prefieren el sol" y el cuaderno de poemas "Bordes", de la colección Viernes de Poesía de la Universidad Nacional.

*"Buscar el amor para hallar el exilio
Buscar la nada para descubrir un hombre
Ir hacia atrás para ir hacia adelante"*

Roberto Juarroz

Eugenia Sánchez Nieto

Singular voluntad

Corría por calles perseguida por su
amante infiel
un abrigo negro adornaba la noche
aún el alba no se asomaba
coros lacerantes la detenían
su amado le demostraría su amor

Sus deseos extremos de palpar
otros cuerpos
de sentir el gusto en sus manos
de abrir la boca con los dedos
la saliva de la bella caía en un pozo
todos los ojos se prendían a su cuerpo
exigiendo una respuesta
aturdida, ambigua, alucinada, sin ver
golpeaba su rostro
la noche caía con muecas cínicas
con desalojos en el lugar más peligroso

La noche abierta la recibía
corría por calles interminables
una navaja lista a penetrar un cuerpo
espantosos seres asustaban las calles
él la amaba de una manera perversa
ella lo disfrutaba

los amantes hostigados
melenas al aire, multiplicidad de prendas,
cuerpos flotando
la piel, el sudor, el aire agujereado.

Talismán

Vagaba por calles de polvo
con los ojos perdidos y una obsesión
no tenía un lugar donde llegar
siempre que veía uniformes
buscaba el rostro del oficial que
                    la había traicionado
aquella afiebrada recorría las calles de Argelia
los niños la perseguían asombrados
ese rostro no era de estas tierras

Ella vivía el amor como una entrega absoluta
para él arrobamiento de máscaras.

El oficial amaba su juventud
en extrañas fotos sonreía con un fusil
al lado de cuerpos aun calientes sin vida
las emanaciones de lo perdido y lo recuperado
disfrutaba esas tierras
bellas jovencitas habían besado sus ojos azules
por qué no, solazarse en estas tierras ajenas
y esas muchachas abandonadas

Ella vivía el amor como una entrega absoluta
para él sólo arrobamiento de máscaras
tanto desamparo tanta pasión
un talismán contra la oscura sentencia
un disfraz más para enfrentar los rostros
suma de nuestra extrañeza y estupor.

Eugenia Sánchez Nieto

Las voces del amor

Amé el rostro del amor
con sus labios rozados y sus ojos iluminados
su cuerpo desgonzado y ardiente
sus palabras melifluas
su desvarío instantáneo

Amé la idea del amor
sus apasionadas y gastadas palabras
el fanatismo que convoca e incita
el desborde de muertos
fogonazos, fetiches, abalorios,
las voces del amor han poblado el mundo

Amé el instante del amor
su sentido de pertenencia
las múltiples heridas del amante
la muchacha declarada suicida
su mirada fugaz

El amor que engendra odio
el amor enmascarado
amé el rostro del amor
     con sus labios violeta y su mirada perdida.

Piel

El amor se nombra en su piel más oscura
nada lo detiene
tiende su mano sobre el amante dormido
veloz le jalona a un cuarto vecino

El fiel en la sala sueña
sueña que ella le traiciona

Ellos se palpan excitados
se adentran rápidos con el placer que sólo el
miedo brinda
el amante en su sueño traicionado
el amor se nombra en su piel más oscura.

Trazos

Me fui alejando lentamente
habría sido mejor salir cuanto antes
pero no, tantos años de alejamiento
                indiferencia, desamor
tu homosexualidad disfrazada
el amor comprado, que te dejo
                una enfermedad incurable
la certeza de la absoluta soledad
y, sin embargo, buscando, buscando
en medio de la suciedad, algo.

Uniones de agua

En las sombras del concierto
magos invisibles ocuparon el lugar
poseídos de emoción
aquella pareja se amó frente a los demás
un puente de miradas se tendió.
El vino jalonaba mi razón
el deseo, ave inconsciente aletea en mi piel.

Profundo

Llega la noche, duerme bajo la lámpara encendida
abre la puerta al sueño donde se ve a sí misma
no hay descanso, el miedo tiene su presencia
a falta de amor los días de la semana
                            son un encuentro
con aquellos que la han amado
viaja incansable por diversas pieles
no hay descanso, el miedo tiene su presencia

Todo es normal, sus amantes
                        se aceptan mutuamente
los días de la semana
son pocos para calmar el fuego que lleva dentro
en una noche ritual un cura le dijo:
al nacer alguien que no ha encontrado descanso
tomó tu cuerpo
toma esta medalla poco a poco
dormirás en paz
aquella grita en la noche,
la queman en la hoguera.

La montaña respira

Cuantas calles recorridas
ciudades visitadas, idiomas incomprensibles
bellos atardeceres al lado de árboles
que susurran un lenguaje milenario
perros solitarios con sus miradas tristes
recorriendo mi ciudad incomprensible
hermosos caballos lloran el desdén
                    y la indiferencia
todo está vivo,
las paredes y la tierra respiran
sorprende, tanto entusiasmo y risa

Un día nos reconocemos solos
y sabemos que no volveremos
que el amor solo lo retuvimos por instantes
la montaña respira a mi oído.

Eugenia Sánchez Nieto

Saltimbanqui de mil rostros

En esta fría mañana de abril
la campana suena fuerte y es imposible oír
ventea, las huellas no se distinguen
nos afirmamos en nuestra propia soledad
los tiempos son duros
se cierran puertas, pero la ventana está ahí
no hay descanso
los corredores oscuros quedan atrás
el amor...saltimbanqui de mil rostros.

Para Dora Bernal Nieto

Mecido en el silencio

Quien es aquél que abraza
su sombra en mitad de la noche
la ama, la posee
con la furia del silencio.

Sus ojos cautivos
buscan un paraíso sin sombra
su viaje altera
la extrañeza de su cuerpo
el encuentro sin remedio
desgarra la inocencia.

Eugenia Sánchez Nieto

Belleza secreta

Enfrento rostros diversos
bellos ojos de amor
mano caliente que abraza
viejas fotografías que muestran espejismos

Desde entonces a momentos
los pasos de un perro solitario me persiguen
desdén infinito a los demás
casi deseo correr por las calles
el sonido del viento me desaloja
          la soledad poblada de seres...

¿Dónde encontrar las voces perdidas?
atravieso calles, avenidas, ciudades
países poblados de rostros
voces, máscaras sonrientes, hirientes
mostrando sus ojos terribles y expresivos.

Escucho una voz
alguien me llama, ¿es mi propia voz
o una voz perdida que busca
          la alegría del encuentro?

Momentos

Alguien que está tras de mí
hace que disfrute de momentos estrujantes
se adentra hacia el fondo
sin aire ofrenda sus secretos

Para rescatar tu olor
toco la cítara en la noche
me adentro largamente en tu piel
como un péndulo golpea mi cabeza
de adentro a fuera
alguien que está tras de mí
hace que disfrute de momentos exaltantes

Tu inspirada lengua
impide mi concentración
floja me dejo ir
recibiendo tus secretos.

Burla del juicio

Me entregué buscando un pasado que no existía
su joven marido no la amaba
su madre la quería de una manera particular
ella jugaba a una fortaleza que no tenía
a una racionalidad estúpida
nada tenía su lugar

El tiempo inclemente y seguro cedía su espacio
la palabra imponía su desvarío
frutos atrapados bajo la madera
el viento levanta techos agrede corazones
el que soporta tanto soporta aún más

Torpe y abusiva recurro a la palabra
mejor desaparecer totalmente
sin recordar un perfume, una calle, una palabra,
desaparecer radicalmente sin opción.

Faenas

Mi vecina en el día escasamente se escucha
su marido es el que habla, tose, canta
las pocas veces que los encuentro
ella pasa mirando hacia el piso
él orondo, pisa fuerte.

En las noches ella provoca unos lamentos
                              indescriptibles
pareciera que viviera faenas de tormento
es el goce del cuerpo que la arrebata
                              y desaloja
extraña mujer silenciosa
que en noches de placer grita un furor
                              desconocido.

Virtuosos

Desde aquel lugar observo como se entregan
sin pudor a la alegría
parecen huérfanos al borde del abismo
saben que sólo se tienen ellos y temen perderse
se enlazan buscando el calor olvidado
ella vigilante de sus noches
le espera sabiendo que es el único
que la transporta al recinto
      del cual nadie logra evadirse

En la blanca habitación sombras gozan la forma
la brisa silba una ebria melodía
el júbilo invade a los que se aman
en oscuros corredores rostros al acecho
rostros descompuestos reprimidos al placer
ellos abandonados, virtuosos,
alojados en aquel recinto
      del cual nadie logra evadirse.

El árbol de las voces

En este pueblo la luz se va temprano
la gente se sienta en la oscuridad del parque
un árbol inmenso guarda
los secretos de habitantes
siempre distintos a través del tiempo
los enamorados y sus locas peleas
los sigilosos a la espera de su momento
el ladrón asustado por su sombra
la viuda lista a la caricia
el árbol en su maravillosa dignidad
guarda los secretos de las voces del tiempo.

Simulacro

Ella no es capaz de abandonar su amor
amor que le hiere que le odia
su cuerpo magullado reclama un peso
el peso que la invade
ruinas, desdén, impotencia

Ella lo arriesga todo
el amor perdido se asoma por instantes
pasadizos, mentiras, simulacros
¿A dónde los corazones rotos?

Ella se cree muy amada con el ojo negro
nunca el amor fue más real
cuando su ebrio amante
la arrastro casi desnuda escaleras abajo

Ella lo arriesga todo
simulacro, mentira, impotencia
su amor real, el peso que la invade.

Ventura del deseo

Al fin el silencio de los bárbaros
la majestad del piano al borde de la noche
                      el verde de la sabana
sigiloso un bello joven se acerca desde muy lejos
danza y da suaves vueltas en el aire
una mujer lo enlaza en su recorrido
una carreta jalada por caballos
muestra risas de jóvenes enamorados
el tiempo de la caricia, del espasmo,
                      del erizamiento
allí en un galpón abierto a las estrellas
sucumbieron al placer desbordado del cuerpo
la vida adquiría sentido en este instante
                      de abandono

Ese querido joven ya no tiene rostro
se perdió en el mundo de las furias
la joven llora sobre la ciudad
descalza busca una brillante piedra
locos sonidos la entusiasman
siente el calor de la tarde y los labios
de un joven que besa sus ojos
el tiempo del espasmo, del erizamiento,
la ventura del deseo

La oscuridad y sus sinuosas presencias
la imagen anónima y fugaz de una niña
de ojos grandes y mirada incisiva
el ladrido de perros desoyendo
las voces de sus amos
la ciudad visitada, recorrida,
con las banderas sacudidas por el viento
los guerreros abandonados
y felices por fin en la fría tierra
el tumulto de voces calladas
el eterno trabajo de la bella de negro
el tiempo del espasmo, del erizamiento.

Oscura

Cuántos rostros creí hallar que hablaban del amor
escudriñe tu mirada mil veces
creí en el amor, y lo retuve en instantes
                    transparentes
en cada abrazo, los caminos abiertos
                    los días vibrantes
el viento y su canto perpetuo,
la banca en el parque solitario
la mujer insomne recorriendo calles de asombro
los encuentros en penumbra
mil veces busqué tu mirada
"luna quebrada en la noche de mi desvelo"

Volver a tenerte, retenerte
cabellos dorados, sol quemante
escurrirme en tus brazos, noches iluminadas
piel brillante, manos que rodean
                    acarician, aprisionan
el frío me abraza, me soporta, me eleva.

Plateadas figuras de agua
piedra milenaria que atesora palabras
de instantes luminosos
palabra mágica que arrebata, atraviesa
                    estremece

¿Cuántos rostros tuviste?
la capa roja calienta la tierra,
ya nada es transparente
en la noche del frío una mujer
             se adelanta a su destino.

Asombro

A un salón iluminado entró mi sombra
visitantes observan cómo aquella pareja se ama
el silencio se agita de respiraciones ansiosas
una mujer rodea la espalda de su amante
hace llamados, insinúa su deseo
                     él ensimismado

Alguien apresurado palpa esa piel exaltada
el silencio se agita de respiraciones ansiosas
sólo los ojos, bocas entreabiertas,
la sensualidad encuentra su lugar

Lentamente un hombre de gabán negro
                        hace su aparición
contempla insistente
rápida mi sombra desaparece
            tras ella el hombre del gabán
¿A dónde van?
No lo sé
sólo que, sin mí,
mi sombra está perdida.

Lo inasible

Aún siento el frío de aquella noche
en la puerta del beso
la noche nos cubría con su manto
              de seducción y miedo
tus fuertes manos recorrían
aquél cuerpo palpitante
extasiados traspasaban sus pieles
las tenebrosas calles perdían fuerza
no había más
la noche presenciaba fascinada
aquella entrega
en la puerta del beso
              el amor tenía su lugar.

Límites contrarios

Las rojas cortinas
tenían memoria de hechos peligrosos

La luz se filtraba iluminando el aposento
caballos blancos irrumpían
              en una cabalgata sin término
el hombre abismado en palabras
que se volvían bombas a punto de explotar

Ella avejentada y sin hijos
caminos transitados, labores al lado de su amado
él recorriendo su espalda, su cuerpo,
                      su cuello
un masaje iniciado con amor
esas carnes blancas, esas caderas amplias
ese cuerpo abandonado
buscando más que un roce
los caballos en su hermoso galopar

Las manos fuertes alrededor de la nuca
las palabras perdiéndose en su mente alucinada
fricción más allá de lo permitido
la nuca roja como las cortinas
los ojos extrañamente abiertos mirando una
                    lejanía no vista

El cuerpo desgonzado
un hombre perdido por corredores
sabiendo que sus manos no le han obedecido
el amor en su idioma extremo
las cortinas desgarradas y el galopar incesante
                    de hermosos caballos blancos.

Vacío de tiempo

Desde la temible morada de mis desvelos
contemplo los últimos días del milenio
la risa pegada al aire produce
                 un sonido estremecedor
dientes caídos adornan una flor amarilla
una pareja prepara felices nupcias
pronto el amor resbalará
y un hueco profundo se multiplicará

Desde la morada de mis desvelos
                voces, máscaras, susurros
preguntan, ¿cuál el amor verdadero?
el amante celoso abriendo heridas
la mujer defendiendo su pistolero
los niños los bellos reducidos

Los hijos de un milenio de "amor"
del extraño placer de la violencia
madres incansables amamantando sus temibles
vacío, vacío invadido de arcilla
la incertidumbre del abismo
               la canalla alentando su amor
las máscaras rasgadas presienten
               nuevos ocultamientos
el triunfo de la simulación
caigo, ruedo, brinco, asumo mi antifaz

infinita cantidad de puertas abiertas
                    el viento sopla fuerte
el nuevo siglo con su carga maravillosa
                    hace su presencia.

De espaldas

Aquellos que duermen de espaldas
sueñan el amor
la soledad camina cautelosa.

Blanca habitación

Te entregas a exorcizar tu piel
bellos cuerpos se unen en la blanca habitación
criaturas sentadas a lado y lado
en actitud indiferente
uno a uno sus cuerpos se transforman
la expiación del cuerpo en el deseo.

Se abisman en su olor
son portadores de la loca alegría
la piel vertiginosa arremete
alcobas suntuosas, desbordadas
viajeros de tierras frías no creen lo que ven.

¿Es ensoñación?
la inocencia ataca y acecha
el pensamiento como bumerán
en viaje misterioso
jóvenes embriagados en su aroma
habitan la pureza.

Labios deseosos succionan delicadas fresas
en blancas sábanas formas palpitantes
espectadores silenciosos impregnan su emoción

tu ardor da júbilo, todos los espacios son filtrados
tu dulce boca, tu piel erizada
el escándalo cambia el rumbo
en lechos suntuosos,
cuerpos sitiados tiemblan de emoción.

Cruce de sombras

A mi casa vendrás acompañado
por un tufillo inconfundible
te acostarás a mi lado
no me tocarás
pues habré saltado la barrera
de la piel y la memoria
te miraré distante asombrada de mi extrañeza.

Delirante

Su rostro no permanecía idéntico a sí mismo
se entregaba con frenesí
            a un amor no correspondido
aquella joven lo tenía extraviado
paseaba interminables horas
                esperando encontrarla
cafetines ruidosos, parques solitarios,
                        cines olvidados
casi siempre ella estaba con alguien

El frío acomodándose en su cuerpo
escribía de manera delirante
había perdido su ser,
muchos lo invadían plenamente
su conciencia se agudizaba cada vez más
no tenía límites entre lo real y lo irreal
asumía diversas personalidades

Buscaba su amada inexistente
una furia incontenible
lo arrojaba cada vez a hacerse daño
permanecía largas temporadas oculto
alguna vez que lo vi, huía de sí mismo
mujeres enamoradas le ofrecían su desnudez

Se adentraba en la noche
huía de la gente, la simulación, la risa
del buen juicio que crecía como globo
nada lo detenía, el amor se le había extraviado.

Abrazo de la noche

El visitante de la oscura calle
silencioso mira a tu puerta
sigiloso lo acompaña su corazón
en una noche de sueño desea hablar
pero una gran dificultad se anuda en su garganta
disuadido por el frío abre su corazón
a una mujer ebria que entre niebla
                         viene en su ayuda.

Casi tropezar y evitar la mirada
desentendido y alerta
agresor y agredido en una danza con la noche
suelta, libera la palabra, espera el momento
caminos inciertos, encuentros afortunados
juega la piel, la noche no perdona.

Espejismos

He deseado un hombre rudo
gastado en las labores del campo
su tosca piel, sus manos de agricultor
su cuerpo pesado
el anhelo imaginando un cuadro.

Diviso a lo lejos una antorcha encendida
una casa de campo, una chimenea
miles de estrellas en este cielo sin luna
sobre la tierra trabajada, deseo el sudor
del hombre agotado en el cultivo del campo.

El puente al sueño

Mirador de la niebla
reconcilia tus ojos con los árboles
ábrete por el sendero verde
las campanas del pueblo nos llaman
celebremos la gran fiesta
la inocencia blanca de encontrarnos cerca
las flores festejan la mirada
mis ojeras lánguidas
se desvanecen con el baile verde
en la bolsa que guardas en tu corazón
escribe una palabra mía
blanco sobre blanco guarda mi risa
en los peores momentos
tenderé el puente aún podemos cruzarlo.

Eugenia Sánchez Nieto

Rostros

Recuerdas la joven que oía a los Beatles
en la noche
su silencio era la formación
de un paisaje musical donde la luz
y el agua ahondaban
cuánto cambió su rostro.

Recuerdas aquél joven que tocó
a las puertas del teatro
allí entre palabras se anunció el uno al otro
alguien desde el fondo del espejo
                    siempre observaba.

Sus rostros fueron penetrados por fantasmas
que cada uno modeló con el viento y el tiempo
cuánto cambiaron
sus pieles olvidaron su olor
soledades incrédulas a merced
de un destino de teatro.

El flautista tocaba sin cabeza

No era el sueño era la vigilia
ese flautista que tocaba sin cabeza
la joven en asedio cruza la cuerda
en busca del amante
éste al otro lado espera la huida
y una sombra en la noche espía
con miedo de ser vista
la mujer cae ahogada en el misterio.

El amante entre cirios prepara el sacrificio
de la sombra en la noche
no era la vigilia era el sueño
ese flautista que tocaba sin cabeza.

Caballo alado

En un caballo alado van dos que se aman
lejos bien lejos cerca al sol
la multitud impaciente desea darles alcance
es imposible, sólo un caballo alado
para aquellos que se aman.

Un violín mientras ellos se reconocen
el reloj suspendido no marca el tiempo
la inmensidad quieta, sólo un violín
mientras ellos sin memoria se traspasan.

Desnudo con la noche

Detrás de los pinos
desnudo danza con la noche
perfumes exquisitos riegan su cuerpo
su cuerpo transparente
intenta poseer la naturaleza.

La luna es acariciada por la brisa
un ángel lejano atrapa la desnudez
voces a lo lejos y la melodía del viento
                          aturden al ebrio
que tendido goza la hierba
vuela el corazón busca la jaula de su cuerpo.

Es imposible el encuentro sólo el festejo
los sentidos se adhieren a su sombra
que comienza a desvanecerse con el alba
el bosque atrapa el cuerpo vacilante.

Horizonte inmóvil

El tintineo de la lluvia
a lo largo del oscuro pasillo
asusta al visitante de mi sueño
con un candelabro
trato de establecer un recinto
estiro mi mano
esta no obedece y se aleja con el viento
como globo al aire va mi corazón
el blanco visitante contempla los hilos tendidos
soledades incrédulas reversan el camino.

Dialogan en el alba

Visitantes sin nombre
dialogan en el alba
manos enlazadas esperan
redimir el cuerpo
la cítara ahonda el momento
la alegría mueve paredes.

Tu bruja más fiel
desea atar tus manos y pies
hombre ambiguo y distante
cuánta pasión delata tu piel
el olor a palo santo
    ensimisma el encuentro.

Eugenia Sánchez Nieto

El olor del océano

Hay un hilo que entrelaza a los paseantes
el calor prepara sus dragones
negros ondulan a mediodía
el ritmo en sus perfectos muslos
las prendas vuelan, liberan los hermosos cuerpos
el calor prepara sus dragones
hembras beben jarras de agua
gruesos labios muerden mangos maduros
siento el olor del océano
mi piel se dispone al fastuoso encuentro
hombres fuertes bajo el sol
   deslizan su húmeda lengua
el calor prepara sus dragones
arena, arena caliente, el trópico en su esplendor
pieles aceitadas en manos del océano
perpleja me sumerjo en el abismo.

Signos

Con el corazón en la mano avanza
avanza veloz la viajera
estuvo en el cuarto sin ventanas
hablaron del mal del siglo
él murmuraba a la joven fascinada
palabras cálidas y excitantes
había un siglo de por medio y se amaron mejor
ambos pálidos se olvidaron
de los visitantes inestables de su casa.

Dije a mi hijo, del hermano mayor
el que no se detuvo en la puerta
le imaginaba leve apuntándose al corazón.

Cita

Iba donde aquel hombre en las noches
unos lentes oscuros ocultaban su ceguera
su tacto rápido sacaba las prendas
niños ocultos observaban los movimientos.

Una voz fuerte cantaba una olvidada canción
parecían huérfanos en aquel lugar heredado
allí en aquel silencio cuidado
se daban cita los hijos del alborozo.

El beso del pelícano

Nunca visitamos el mar querido hermano
no vimos cómo el pelícano atrapa el pez
en medio de su vuelo
¿Acaso no sabías que en mi vida anterior
                    fui un animal de mar?
olvidamos el abrazo más cálido y el más profundo
por eso nos perdimos
hoy como el pez más ligero aguardo
el beso del pelícano.

Horas invisibles

Aquél invisible a los demás
a las horas más inesperadas
posee tu cuerpo
de viaje entre pasajeros
                quita tus prendas
el deseo, ave de vuelo
libera a los viajantes.

Lazos ocultos

Lazos invisibles hacen que aquellos se mantengan
en su delirio en su doble voluntad
                              terminó recluido
el otro se hizo poseer por un grupo de hombres
descubrió que la felicidad era una joven poseída
ella, figura única de mil matices
celebró nupcias con el amor.

Ellos transgresores, implacables
candentes en un desierto helado
intrincados como si fueran uno,
más allá de lo visible.

Amor tan alto que da la libertad y la agonía
extraña paradoja donde los amantes atrapados
se ven arrojados a la fatalidad.

Eugenia Sánchez Nieto

Viento

Le visita en la noche, su presencia es real
se traspasan, se barruntan, se prueban
ella le busca con el tacto, sólo un espacio

Estará escondido en el armario esperando
la noche sin luna
trata entonces de cincelar aquel rostro
le es imposible
su amado parece invisible

Será el amor un sueño intenso
y luego un viento fuerte golpeando
sin dejar huella
sólo un vacío, un hueco,
un hueco por donde sopla el viento.

Súbdito

A orillas del mar un hombre
                se entrega a su soledad
un recuerdo lo constriñe y lo desaloja de la alegría
en noches sin luna bebe en forma delirante
sus ojos brillantes contemplan a la mujer que
                socava su sueño
a ella el suicidio la liberó
 y él es el súbdito de su tiranía.
¿Será el amor una cadena de afrentas
                para sojuzgar al otro?

Las gracias del amor

Al cuarto de un hotel
empujó el hombre a la mujer
allí la rodeó de abrazos y besos
cuando hubo terminado
          sudoroso le dio la espalda.
Aquella exuberante
aún pensaba en las gracias del apego
instantes de gozo, pieles aceitadas
rostros desconocidos de una ciudad olvidada.

Límites

Como un ciego recorre un cuerpo
me abismé en tu piel, en tu olor
buscaba ese encuentro vivaz
           en la frontera de la muerte
fantaseaba con un público anónimo
           que disfruta la función
y desea formar parte del espectáculo
con mujeres voluptuosas
que ofrecen su cántaro al desconocido
con hombres castrados que gozan su sexo
con jóvenes púberes donde el tacto
           motiva una erección
con amantes afiebrados en un desierto ardiente
donde lo único que beben son sus muslos sudorosos
buscaba ese encuentro vivaz
           en la frontera de la muerte.

Eugenia Sánchez Nieto

Evocando a María Luisa Bombal

Al amanecer ebrio aún le conoció
desde ese día quiso atarlo a su cuerpo
                    por todos los costados
pero él hábil y enamoradizo se escabulló
extranjero en Bogotá, en Estambul,
                            en Florencia
a cualquier lugar donde llegaba
su habla inagotable enamoraba a viejos y jóvenes
las mujeres ofrecían su desnudez
                        para cualquier desvarío

Un día en una céntrica calle
                una mujer olvidada por él
lo llamó por su nombre
él la miró, sorprendido trataba de memorizar
un pasaje perdido
al lado de aquella hermosa quien le apuntaba
                        con un revolver

Herido en medio del delirio y el gentío
balbuceaba
es la loca, la poeta, la mujer que me inventa.

La pasión de los seducidos

A estas horas dos cuerpos
             se desean sin pausa
en las sombras de un cuarto con olor a semen
espejos invisibles observan como
             aquellos se devoran
después un rictus de amargura
sólo momentos agitados
no es el amor lo que los llama
es la soledad, loba traicionera
Por calles desiertas y oscuras
cuerpos distantes parten por caminos diferentes.

Eugenia Sánchez Nieto

Luciana

Paseaba su desnudez por corredores silenciosos
con la mirada perdida en lugares imaginarios
así la recuerdo
imperturbable bebía escuchando a Chopin
sabía que el tiempo era irreparable
la falta de amor la entregaba
en estados delirantes donde no se soportaba.

Un desconocido mirado por la luna
                    la deseaba inútilmente
alguna vez en cafetines ruidosos
                    sus miradas se cruzaron
allí se tejían historias
donde todos eran protagonistas
                    de algo importante
él torpe y agresivo le dijo su amor
                    a través de hechos insolentes.

Así la recuerdo, tejiendo historias imaginarias
perseguía una fuga incomprensible
ebria caminaba interminables oscuridades
pudo ser una víctima más de la noche
pero su delirio la llevaba de vuelta a su lugar.

La última vez que la vi
imperturbable bebía escuchando a Chopin.

Fascinación del abandono

A dónde van los anómalos
a los paraísos inciertos donde
                una cantante misteriosa
deja resbalar su voz por corazones solitarios
donde el tiempo se detiene
                y la ebriedad es el juicio
parejas del desdén abrazadas a su momento
la cantante misteriosa es la diosa
                del bullicioso bar
allí vertiginosos se entregan al desvarío
alguien pregunta -cuándo nos vamos a ver-
y como respuesta siempre la arena
arena caliente de un tiempo sin nombre.

Hermosas mujeres se entregan a la seducción
visitantes, visitantes... extraños rostros apagados
miradas extraviadas, el licor entusiasma el desdén
muchachas de tacón cruzan una cuerda invisible
ojos, sonrisas, pieles extrañas se buscan
trajes claros frente a miradas oscuras
la música instalada en las pieles
esa esbelta bailarina se refleja
                en diversos cuerpos
una extraña alegría pinta los rostros
los sentidos doblegan la razón.

Eugenia Sánchez Nieto

El viento enamorado

El viento se pasea como loco enamorado
desde mi cuarto presiento personajes
que resbalan a tientas en busca de algo
sonidos que incitan mi mente
a este lugar caliente no pertenezco
soporto esta brisa fuerte que desea envolverme
¿A dónde ir?
Como ciega recorro esta ciudad sin amigos
sé que dormiré aquí y entrada la noche
el viento, ese loco enamorado me desnudará.

Abismos

Se amaron en silencio
otros cuerpos soñaban a su lado
casi sin aire se barrenan, se auscultan
desean perdurar en el lugar del combate
amanecer cada uno con el corazón del otro.

Soledades incrédulas

La noche y sus mil rostros
la risa bordea la piel
los cuerpos que se juntan
y despiden hasta otra ocasión
la música recorre la soledad
los silenciosos buscan su encuentro personal
recorren espacios, lugares perdidos
la cadena de momentos de los seres solos.

Los solitarios alegres en su pequeño mundo
el día de pasos de cuerpos y risas
el encuentro único e irrepetible
la vida de pequeños momentos
los amigos alejados
la ola que llega acaricia y golpea
el horizonte irrepetible, el abrazo olvidado
la cadena de momentos de los seres
                    solos más solos.

Trampas

Desde una ventana observo cómo se adentran
cómo se traspasan
él habla a su oído, ella infinitamente gozosa
con una expresión de extravío murmura:
ven, ven conmigo, lo oculto me jalona

Desde una ventana observo cómo se entrecruzan
una oleada de calor y uno ha desaparecido
pero no.... allí siguen jadeantes... y son hermosos.

Desde mi ventana les envidio
ella sonríe y hace una seña
me mira como mirándose a un espejo
dudo en bajar
me siento invadiendo espacios que no son míos.

Recorro el lecho
me atraen como un imán y no
            hago nada por evitarlo
él dice dulcemente, ¿Cuándo nos dejarás libres?
ella besando mis ojos afirma
esta prisión también duele
no queremos estar más en tu memoria.

Templo

En aquella iglesia esa pareja se amo
el silencio fue su cómplice
el beso rodaba y la piel se erizaba
la iglesia estremecía sus cimientos
un murmullo ensordecedor se propagaba
pieles estremecidas se lanzaron al vacío
aquellos cuerpos se mecían en el viento
montones de ojos se disparaban al vacío
ésta era una tierra extraña
         donde las montañas lloraban

Espacios de sombra

A los que agreden por hambre
y llevan una sombra más negra que la noche
aquél que te acompaña te entrega sin piedad
la que creía en el amor en brazos del abismo.

El beso de la música

Voz fuerte, descarga que se adentra
                    sin estridencia
acordes, tonos rosados, azules, naranjas
voz que penetra, desgarra y posibilita
extraños seres arrojados al vacío,
                    horizonte sin miedo

Voz pegajosa, ronca, perezosa
Naranja y azul el color del cielo
una barca se aleja
el saxo desviste una pareja afanada de amor
en el lecho se observan

Después del encuentro de la piel
entregaron sus fortalezas
al alba persiguieron mejores secretos
el saxo, el piano, naranja y azul
la voz queda de alguien sin rostro
el calor, la ventura del deseo.

.

Solo

Hombre solo muy solo
             sin mueca de risa
su mayor pasión contemplar muchachos
correr tras un balón, gambetear
observar muslos, piernas, rodillas
su fascinación imaginar
esos hombres enlazados en su piel
hipnotizado ve una danza vibrante y fuerte
el gol le produce un espasmo…un vértigo
un corrientazo que lo deja sin aire…
sale a la calle en medio de la oscuridad
en busca de un joven que lo arrebate
                y despoje…

Eugenia Sánchez Nieto

Niebla y sueño

El porvenir partirá en un tren blanco
las huellas de unas pisadas desaparecen
el miedo tiembla
la vida como vasija fracturada.

Aún joven perdió la memoria
se extingue lentamente
no reconoce a nadie
alojada en casa de ancianos.

Un amor incierto la lleva a la niebla
desprendida de todos, olvidada de si
transita por un corredor silencioso
el tiempo de la risa se malogró
un órgano suena en la mañana
niebla y sueño la que fue no volverá.

Violín

La gente sumergida, abismada
escucha el violín de la muchacha de azul
en medio del jardín, los árboles asombrados
la música entra lenta, sin resistencia mece,
        invade
con el dorso tatuado lanza su oración
las notas abrazan la multitud
sus acordes nos transportan a lugares
       jamás vistos
tienden puentes al ensueño
un violín mientras ellos se reconocen
el reloj suspendido no marca el tiempo
la inmensidad quieta
por hilos invisibles viajo a regiones desconocidas
bailarines azules vuelan sobre el salón
múltiples candelabros se encienden con su sonido
pájaros atentos a su melodía elocuente
apasionados recurrentes escuchan a Paganini
la novia de blanco perpleja ante tanta belleza
de un árbol rosado se esculpe su forma
nada será igual
el sonido de un violín apacigua la noche.

Eugenia Sánchez Nieto

Llega la noche

Acompañada por los amantes de la noche
tendíamos puentes misteriosos
uno a uno pasábamos al lado oculto

Laureano leía sus últimos poemas
pálido veía su cabeza rodar al abismo

David tocaba el saxo,
algo inusitado me producía escalofrío
Pablo besaba la noche,
sabía que era el momento de poseerla
Luciana pintaba, el cuadro estaría al amanecer

Yo miraba por un espejo y escapaba
                              en tu búsqueda
allí enlazados uníamos nuestras pieles
buscábamos el justo momento
bebiéndote deseaba que murieras

Los amantes de la noche en círculo
                        permanecían tendidos
noches, noches exaltadas
de la luna colgábamos como muñecos poseídos.

El cuadro estaba terminado
no había espejo, no estabas tú, no había huido
allí estábamos los amantes de la noche
expectantes...
a perdernos con nuestra enamorada más fiel,
la poesía.

Sin memoria

Sin memoria
rozagante y feliz va enlazada a su amado
                      que la desdeña
ella se perdió de tal manera que
                  no reconoce a nadie
sólo a su amado
que carga como una cruz
          esta mujer olvidada de sí y de todo.

Desde el aire

Sobre nubes blancas
contempla su lienzo con tonos, azules,
                            verdes, rojos
casas de ensueño, pequeñas desde el aíre
su amor ideal va enlazado a su cuerpo
son una sola substancia
teme perderlo
nunca el amor fue más real
elevados desde el aire
ella se despide de sus amigos en tierra
él la aferra temiendo una caída, un desplome,
                                    un ocaso
sólo así el amor imperecedero
pintado, sin memoria
                para siempre...

Ajedrecista nocturno

Ajedrecista nocturno en medio del baile
me atraías como un imán
tu gesto, tu rostro, la gente infinita
no podía hacer caso omiso de tu talante
el habla se colaba en medio de la música
era difícil conectarnos en medio de la rumba
nos adentrábamos por instantes
la piel nos llamaba
estremecimiento, fervor, devoción
lo abandonabas todo por un rato a solas
las veces que nos encontramos se templaba
un hilo imaginario desde el fondo...

Actos absurdos

Cuando el amor se vuelve un imposible
la estupidez invade actos absurdos
cuerpos flotan en el aire con un globo negro
la aspereza sonríe pegada a las paredes
mujeres vestidas de blanco
                recorren sin pausa el salón
tu voz diáfana perdida en la memoria
tu cuerpo leve y tus ojos apagados...

Escaleras desvencijadas

Transeúnte en la noche con su cuerpo abrazado
la muchacha negra de cabello rojo
estranguladores e infames cuchilleros
                    buscan una mirada benigna
la ciudad del amor intenso y momentáneo
                    se doblega un instante.

Un tren lleno de amantes
fluye sobre rieles abandonados
no llores en ciudades extrañas
y escaleras desvencijadas.

Extraviado

El amor se cansó, se desinflo
corre atareado hacia otro territorio
busca colores, aire, agua
el rostro de la noche le abre puertas
está extraviado
viaja en tren a gran velocidad
rompe el espejo en que se refleja
rostros sonrientes le visitan, le murmuran
él busca la puerta que lo conduzca
                              al lugar olvidado
recorre salones, hoteles…
un día en altamar se hunde en las profundidades
irrumpe como globo sobre el agua
el amor es una forma, un concepto, un instante
algo que te mira a los ojos
te habla de la pérdida, de la caída,
                              de la nada.

Eugenia Sánchez Nieto

Juego de sombras

Las relaciones llamadas felices
                son una larga simulación
no hay un roce de manos
a cualquier leve contacto se esquivan
las pocas veces que se encuentran
las puertas se abren y cierran a la vez
dialogo de gestos y simulacro
la carcajada se eleva como globo
casi siempre uno termina subyugado
la tierra tiembla
                el amor se resquebraja
los felices se elevan por los aires
todos miran alelados
como se construye un juego de sombras
los felices con mueca de espanto.

Bailarines incansables

Allí nos dábamos cita una generación
                    de bailarines incansables
la música era nuestra amiga fiel
nos mecíamos en una pista bordeada de pieles
felices nos rozábamos... miradas juguetonas
él con su mejor rostro se entregaba a sus fieles
era bello descubrir rostros
                    la pista para todos
los hijos de la noche con su son arrebatado
                    y carcajada sincera
en aquel lugar algunos se entregaban a la caricia
al beso prolongado
la música rodeaba nuestros cuerpos
cantantes se posesionaban del lugar
estremecidos queríamos permanecer
                    el mañana no existía

El amor incomprendido y errante
buscaba las bellas de la noche
ellas aleladas se entregaban...
la música hacía ligera y placida la noche
los demonios estaban apaciguados.

Eugenia Sánchez Nieto

Despegada sin ancla

El color cae vertical sobre los muros, el lienzo
                    ocre, amarillo, naranja
hombres con caras de pájaro tocan el violín,
                                las flautas...
una mujer entrelazada a su amado
suspendida en el aire, se despide
los rostros adustos, perplejos
no es alegre la partida

ella dice
es hermoso ver la ciudad desde el aire
los pequeños oficios del vecindario
siento el vértigo del vuelo
estoy despegada sin ancla
no es un sueño es mi realidad
no volveré a ver ese territorio de mi juventud
nos elevamos...

La mujer en su vestido blanco
se eleva al lado de su novio de azul
el asombro es viajar por los aires
sobre una ciudad de calles blancas
un pájaro verde canta
el pintor con sus pinceles, pasa de largo

Esa línea de luz
se posa abierta, sin mezquindad
los rostros iluminados
muestran sus gestos, su desconcierto
su imposibilidad de regreso
                    su danza inacabada.

Mudanza

Cuantas calles recorridas
 ciudades visitadas, idiomas incomprensibles
bellos atardeceres al lado de árboles
              que susurran un lenguaje milenario
perro solitario con su mirada triste
              recorriendo mi ciudad incomprensible
hermosos caballos lloran el desdén
y la indiferencia
todo está vivo, las paredes y la tierra respiran
sorprende, tanto entusiasmo y risa.

Un día nos reconocemos solos
y sabemos indefectiblemente que no volveremos
que el amor solo lo retuvimos por instantes.
La montaña respira a mi oído...

Sonido de violonchelos

Te busco en el recuerdo más próximo a la nada
en la mujer limosnera, bruja, perdida
en la tingua escapada de su cautiverio
en las calles abandonadas y plenas
en las campanas de iglesia que despiertan
a vecinos insomnes
en el cruce de vientos
en el canto de pájaros
en miles de miradas de jóvenes risueños
en el fondo de la tierra
en el todo y en la nada…
en el coro de violines
y la hermosa voz de la soprano
en los sonidos más allá del ruido desbocado
en el camino alucinado de rostros, gestos,
tierra en movimiento
en tu mano que escribe próxima al corazón
en los cuerpos que se juntan, se atraen,
se repelen
en el adiós y el saludo
en los hombres vestidos de negro con capas rojas
en la sangre derramada, perdida, abuzada
en el círculo naranja y la polifonía de lenguas
y de razas
en los cuerpos leves suspendidos en el aire
en el sonido de los violonchelos

en el tacto en la caricia en los cuerpos
que se atraen
en la huella, en la tierra, en el viento
en el canto de Dylan
en la cicatriz del tiempo ido
en el viento que liba, que transforma
en el adentro oscuro tormentoso
en el corazón desbocado
en la fisura por donde se escapa la luz
en las banderas al viento
en la imposibilidad, en la asonancia
en la palabra que cae, resbala y pierde...

Hombres Contorsionistas

La comparsa alegre frente a la multitud exaltada
días luminosos, sonidos intensos
mujeres deseables, hombres contorsionistas
las banderas sacudidas por el viento
el tiempo feroz hacia una pausa
hombres entregados iban más allá del limite
coros entusiastas hacían vibrar las calles
mujeres en urnas de cristal gesticulaban alegres
saltimbanquis sin miedo a caer
un abismo de olores, sonidos, colores
la fuerza interpretativa
el desdén cubierto de tierra
el tiempo sin presentimientos oscuros
armónica lenta, guitarras experimentales
                              nos elevaban
vertiginosos, olvidados de sí, nos adentrábamos
pájaros de alas rojas se sacudían
                              bajo un sol abrazador.

Sin miedo nos dejábamos ir sobre nuestra ciudad
                              de frio placentero
sin imprecaciones ni solicitudes
solo el rito de la música y los coros desgonzados
luces inusitadas, destellos a la sombra
nosotros los indecisos sobre el puente verde
las rosas y la vela en el callejón de la comparsa
el tiempo feroz hacía una pausa.

Cantos ceremoniosos

El aire y su incuestionable revelación
cantos ceremoniosos
coros sobre la citara, vestimentas oscuras
rostros inexpresivos de aparente tranquilidad
voz, voz, hasta el último intersticio
los sonidos rotundos del piano
hombres de andar lento con máscaras vistosas
la expresión más pura alejada del odio
el deseo como potro desbocado
nadie quedará inmune
el reino del singular amor, lenguaje ininteligible
apertura a la noche, al silencio...a la sed.

Mimetizados

1-

Cuerpos entregados mimetizados
uno tras otro todos los espacios son copados
frenesí, despojamiento, brazos al aire,
                    la voz ronca sacude
voces, guitarras, baterías, el cuerpo tiembla
la noche maravillada, brazos, sudores, rostros
todos en uno
la multitud, rosas rojas, blancas, azules
momento fugaz, estremecimiento,
                    miradas encontradas
bocas desde un solo grito.

2-

La gente sumergida, abismada
escucha el violín de la muchacha de azul
en medio del jardín, los árboles asombrados
la música entra lenta, sin resistencia
                    mece, invade
con el dorso tatuado lanza su oración
las notas abrazan la multitud.

Eugenia Sánchez Nieto

Sombras sobre muros

Sombras corren sobre muros y espacios sin luz
de la entraña de la noche silbos misteriosos
bullicio desde casas iluminadas
ojos de la noche asustan a
                    saltimbanquis al acecho
pasos detrás de veloces sombras
gemidos prolongados... gatos en danza inacabada
un hombre con máscara
y guantes amarillos viaja veloz en su moto
la mujer desgonzada en el jardín con risas
el olor de vela apagada... abraza mi sombra
la casa lejos resguardo protector
el rasgueo lento de la guitarra
la casa quiere abrirse a la noche
saludar al viento en su paso veloz
la noche se adentra,
la soledad no como elección sino como abismo.

Rostro de Búho

Ella se pinta a sí misma con cara de búho
concentrada sobre una tela blanca
una esfera y unos pájaros vivos
hacen parte del lienzo
una habitación verde y tres ventanas
permiten ver una tarde oscura, luminosa y azul
un violín en su pecho
toca una melodía lenta, asombrosa
que invade su cuerpo y estremece
sola...observando y observada.

Eugenia Sánchez Nieto

Parajes

Camino por un sendero oscuro
 iluminado por lámparas a intervalos
una música leve toca mi frente
              el tiempo fugitivo y solitario
una voz varonil se desliza sobre el aire
parajes de arena y mar abrazan
                  este instante que se va
la alegría restaña antiguas heridas
viajo sobre peñascos enormes
el viento murmura una canción
del fondo de la noche
un eco, una risa, un aletear
palabras dichas repetidas por un eco
el momento de soñar ha comenzado...

La noche abierta

La noche abierta nos llama
voces desde angostas calles nos empujan,
                               nos buscan
sombras escurridizas se ocultan
escaramuzas mayores esperan…

Los sueños se deslizan lento
sin tocar el rostro miran
danzan en suaves malabares al ritmo del piano
en el aire la luna pálida.

Abismado cree que es real
solo ensoñación y el deleite de lo deseado
lento se desliza por la alcoba
el sonido vibrante de unas notas de Chopin
voces desde distintas puertas le susurran
abismado se deja ir
"la noche está fría y la luna intacta".

Eugenia Sánchez Nieto

Evocación

En horas de la tarde sin miedo, creí escuchar
cómo algo o alguien trataba de entrar
por el techo de mi casa
la tarde gris y fría
mi mente incansable busca los recuerdos más
imprevisibles
la noche de tacones blancos en una pista de
viento y música
lo mejor, el roce al lado de cuerpos
                         felices en el baile
el guapo sin rostro, invisible, transparente, blanco
etéreo, difuminado, ido, perdido
sin embargo, ahí
el mar en la noche atrapando una lancha
sus ocupantes abandonados de sí
el vértigo del reto, la voz de los amigos perdidos
el viento, el viento que todo lo transforma
los exquisitos acordes de un piano
la ventura de la risa, el cuerpo leve, el horizonte…

Grabado

En la penumbra del salón la noche
                            se escurre lenta
una manada de caballos azules pasa
                            a través de la ventana
la palabra cautiva a los presentes,
                            miradas sonrientes
atentos se invaden de ideas, todos quieren hablar
poema a varias manos, genial, intraducible
rostros ocultos, serios, alegres
la emoción el descontrol piedra brillante
la música como hilo invisible besa los cuerpos
en la mesa aletargados, bellos hombres
                            se disponen a la danza
los cuerpos se mecen en el aire
muchachas de vestidos cortos muestran
                            sus largas piernas
voces, susurros, palabras se toman el lugar
todo dejo de ser oscuro
el tiempo del vino y el dialogo
lugar inolvidable, visitado por presentes
                            y acompañado de fantasmas
cuerpos entrelazados, manos alrededor del cuello
                                          la espalda
maravilloso lugar de la palabra
donde la música es el acople perfecto del cuerpo
palabras de hermosos colores caen en mi copa

todos a un mismo tiempo corean el poema
una manada de caballos azules
       pasa a través de la ventana
lugar de la noche para el asombro.

En la Calzada

En aquel rincón de la iglesia
la mendiga entrega su cuerpo a un desconocido
el jadeo en la noche
desde las ventanas miradas lujuriosas
aterradas masturban su decencia
en la acera el jadeo
el delirante con su trasero tocado por las moscas
a pocas cuadras la cena lo espera.
En la primera misa un hombre impecable
pasa de largo mirando de soslayo
ella en la calzada por lecho muestra un chaleco.

La otra Orilla

Tú eres hombre, también mujer
caminas con pies delicados
tu mirada azul es oscura
sabes que tus noches son bengalas
y tus días faunos en lucha incierta
ya no esperas nada
cada día ansias la otra orilla.

Tú eres mujer, también hombre
caminas con pies fuertes
tu mirada oscura es limpia
sabes que tus sueños son inciertos
buscas el reverso del anverso
esperas el alba con ojos abiertos
y la otra orilla, la del encuentro.

A la espera del encuentro

Toros rojos, toros negros van en busca
                         de la muerte
ella con un gabán negro espera en la puerta
                         de la ciudad
él con su hermosa espalda que sangra
desea un beso en la nuca
¿A dónde ir?
¿Tendremos nuestro tiempo?
Ellos en su abrazo emotivo
y los toros desencadenados se
                     avecinan a la muerte.

Andariego

Asciende al lugar más transparente
embelésate con la belleza del paisaje, del olor
de la piel acariciada por el sol
allí va el andariego, despojado, insumiso,
                    repudiado
sin pensamiento, besado por los pájaros
con el bostezo eterno en su cuerpo
                leve y descalzo.

El vértigo incalificable dejo de existir
amor y deseo éxtasis momentáneos
lo sensato es hacerse a la idea de la pérdida
la levedad del andariego acompañado
              de su eterna sombra
el amor como símbolo
hundidos en un abismo sin retorno
la disolución de la noche de las formas
con un deseo azul que todo lo cubre y acompaña
despojado, insumiso, repudiado...

Para Mateo Silva

Espacio habitado

Alguien se mueve discreto en la noche
fuma largamente mientras el sonido
de una armónica
penetra cuerpos y paredes
la vecindad de un ser desconocido
que observa los cerros
espantaría en las noches cualquier alma sosegada
Movimientos imprevistos sobresaltan mi descanso
el corazón a galope me arroja
una mujer torpe sale al pasillo
seres de la noche pueblan mi espacio
absoluta quietud, brillantes ojos
persiguen la sombra,
avanzo, avanzo,
tropiezo con rojas manzanas
que ruedan a mi paso.
Alguien en el fondo de la habitación
bajo la luz de la luna escribe
entrégate al hombre apostado en tu estancia
yo soy la noche tú eres la soledad
el deseo es un árbol donde la luz se ahoga
todo lo que poseemos está en este fuego.

Colección
Sembremos Arte

Fundación Grainart

Desde la Editorial

Una colección de libros tiene la importancia de manifestar por parte de los editores, un esquema organizativo de selección con destino a un público lector que confía en la seriedad y reconocimiento

Con ese objetivo, Ediciones Grainart de la ciudad de Cali se complace en presentar la Colección "Sembremos Arte", que cuenta con un escogido grupo de autores tanto nacionales como internacionales cuya meta es compartir la cultura con temáticas y estilísticas variadas.

Pero más que una apuesta editorial, es una confirmación sentida para que los lectores conozcan a este grupo de cultores quienes desde sus letras contribuyen en el desarrollo personal, comunitario y cultural.

Las voces que se presentan en esta colección, les ofrecerán un alto nivel literario, pues han asumido a través de los años, el reto de posesionar la palabra como forma de existencia, aporte a su entorno y dinámica de vida.

La idea de esta colección nació en mayo del 2020 y después de un esfuerzo que desafía los tiempos de pandemia y el entorno difícil de nuestra sociedad, en marzo del 2021 pudimos lanzar el primer número de la colección pues confiamos que la creación literaria debe permanecer siempre inquebrantable, paseándose por las páginas de la historia y colmándola de motivos para resistir y persistir.

Como saben la Editorial y la colección Sembremos Arte, hacen parte de la Fundación Grainart, que ha compartido desde sus talleres literarios libros de diversos autores en gran parte del territorio nacional. Gracias a eso, continúa abanderando su lema "Semilla para el arte", en colegios, bibliotecas, centros culturales; así como al público que asiste a los encuentros.
Ahora nos enorgullecemos de poder compartir y dejar en buenas manos, esta colección que es un consolidado aporte a la cultura y a la comunidad.

Agradecemos el apoyo de los artistas plásticos Carlos Humberto Murillo y Fabian Paz quienes nos permitieron usar sus obras para las portadas de la Colección Sembremos Arte.

Muchas gracias a todos los escritores por confiar en nuestra labor y permitirnos plasmar sus versos en esta colección. Hoy se lanza este libro **Singular voluntad** de la poeta y gestora cultural Eugenia Sánchez Nieto, quien ha contribuido en nuestros talleres literarios con el único fin de hacer su aporte a la cultura. Adicionalmente ha sido nominada por toda su obra al premio Iberoamericano de Poesía Pablo Neruda, Chile, 2021

Muchas gracias a ustedes amigos lectores, a la familia Grainart y a la fe que nos sostiene, pues nos permite seguir aquí, para rendir con acciones el testimonio de nuestras convicciones, presentando esta colección que nace de la esperanza, el respeto y la admiración por la literatura.

Mónica Patricia Ossa Grain
Cali - Colombia

Índice

Singular voluntad

©Eugenia Sánchez Nieto
©Colección Sembremos Arte

ISBN: 978-958-49-3137-5
Diseño y edición: Ediciones Grainart
Compilación y diagramación:
Mónica Patricia Ossa Grain
Diseño de Carátula:
Helen Vanessa González Ossa

Obra portada: Carlos Humberto Murillo
Título: Bailarines.
Técnica Espátula Óleo sobre lienzo
carlosart5@hotmail.com

Ediciones Grainart
edicionesgrainart@gmail.com
edicionesgrainart@hotmail.com
Contacto: 3148685940

Impreso y hecho en Colombia.
Printed and made in Colombia

Santiago de Cali – Valle del Cauca
Julio de 2021